Gerhard A. Spiller

Im Garten der Glückseligkeit

AF191183

Gerhard A. Spiller wurde 1964 im niedersächsi-
schen Ölsburg im Kreis Peine geboren. Seit Be-
endigung seines Studiums der Verwaltungswis-
senschaft in Konstanz am Bodensee arbeitet er
als Beamter in einer niedersächsischen Kommu-
nalverwaltung. Er ist Mitglied der Deutschen
Haiku-Gesellschaft, der Gesellschaft für zeitge-
nössische Lyrik und der Schlaraffia Peine.

Besuchen sie ihn auf Facebook.

Gerhard A. Spiller

Im Garten der Glückseligkeit

Liebesgedichte

Herstellung und Verlag: BoD – Books on Demand,
Norderstedt
Printed in Germany
ISBN 978-3-7578-2407-5

Vorwort

Die Liebe ist etwas Wunderbares, darum suchen wir Menschen unablässig nach ihr. Manchmal glauben wir, sie gefunden zu haben, aber im nächsten Augenblick ist sie entwichen und für uns unerreichbar. Was bleibt, ist wehmütige Erinnerung an eine Beziehung, die nicht mehr wiederkommen wird. Das Schicksal kann manchmal unerbittlich sein.

Der vorliegende Gedichtband beinhaltet Texte aus einer Zeit, in der ich meine große Liebe gefunden zu haben glaubte. Sie sind mit viel Herzblut geschriebene Zeichen meiner Liebe, meiner Gefühle und damit Teil meiner Seele. Leider hat die Liebe im unendlichen Lauf des Universums nur einen Wimpernschlag angedauert, aber für mich war es eine wunderbare Zeit. Deshalb mögen diese Texte davon Zeugnis geben und zum Gedenken an meine schönen Erinnerungen ewig leuchten.

Ich wünsche allen Leserinnen und Lesern viel Freude mit meinen Texten und hoffe, dass jeder seine große Liebe bereits gefunden hat oder in Kürze finden wird.

Mit den besten Grüßen
Ihr/euer
Gerhard A. Spiller

Ein Traum wurde wahr

Ich war einsam und verlassen
inmitten dieser schönen Welt,
schritt durch all die vollen Gassen
ohne Begleitung an der Seit'.

Der Rest des Lebens wirkte trist,
es schien, als wären sie vorbei
all die vielen schönen Stunden,
die meinen Geist hatten erfreut.

Doch dann passierte ein Wunder,
denn du tratest in mein Leben,
brachtest die Seele zum Leuchten,
hast vertrieben Kummer und Schmerz.

So schreiten wir nun Seit' an Seit'
durch unser vereintes Leben,
der Hoffnungsfunken ist entflammt,
mein großer Traum wurde doch wahr.

***

Nach dem Konzert

Unter dem Sternenhimmel
trotzten wir der kalten Nacht,
hielten uns ganz fest im Arm
auf dem Parkplatz des Theaters.

Die Vorführung zu Ende war,
die letzten Töne verklungen,
Händchen haltend wir hatten gelauscht
der Musik von großen Meistern.

Dann wir konnten uns nicht trennen,
und zwischen unsren Autos
schmiegtest du deinen hübschen Leib
ganz dicht an meinen Körper.

So standen wir geraume Zeit
und tauschten süße Küsse aus,
mal flüchtig, meistens inniglich,
während die Zeit ringsum verschwamm.

Über uns prangten die Sterne,

durchbrachen leicht die Dunkelheit,

doch wir nahmen sie nicht wahr,

hatten Augen nur für uns.

Wie gerne ich gedenke noch

diesem Konzert und dieser Nacht,

spüre dann noch deinen Körper,

schmecke deine süßen Küsse.

***

Schön, dass du bei mir bist

Mit dir den Tag zu verleben
ist für mich ein Quell der Freude,
die ich niemals missen möchte
bis ans Ende meiner Tage.

Miteinander einzuschlafen
in zärtlicher Umarmung
ist für mich ein wahrer Genuss,
der gar freudig berührt mein Herz.

Mit dir die Nacht zu verbringen
war schon recht früh mein großer Traum,
nun ist er schon seit langem wahr
dazu so schön wie am Anfang.

Mit dir morgens aufzuwachen
ist ein Beweis von deiner Gunst,
traumhaft schön wie deine Blicke
voller Liebe und Zärtlichkeit.

***

Labsal für meine Seele

Mich erfreuen die Stunden,
die wir gemeinsam haben,
nach ihnen ich mich sehne,
wann immer du fern mir bist.

Und sind wir dann beisammen,
ist mein Herz vor Freude leicht,
durch die Adern strömt das Glück,
lässt meine Seele leuchten.

Wenn du lieblich bei mir liegst,
entstehen die Gefühle
von heller Lust und Liebe,
die wir nicht möchten missen.

O, möge nie vergehen
die Magie von dieser Zeit,
möge die Liebe leben
bis an das Weltenende.

***

Wenn du in meinen Armen liegst

Wenn du in meinen Armen liegst,
verblasst die Welt ringsum,
es steht die Zeit in unsrem Raum
für eine kleine Ewigkeit.

Wenn du in meinen Armen liegst,
lachen der Mond und die Sterne,
erhellen uns die dunkle Nacht
mit ihrem sanften Licht.

Wenn du in meinen Armen liegst,
beginnt meine Seele zu leuchten,
schaltet aus Geist und Verstand,
lässt nur noch Liebe walten.

Wenn du in meinen Armen liegst,
bin ich auf dem ganzen Erdenrund
der glücklichste Mensch von allen,
deinen Zauber genießend.

***

Du bist mein Ein und Alles

Zu erwachen neben dir
ist ein gar herrlicher Moment,
gern ich schaue in dein Antlitz,
das ruht glücklich neben mir.

Wenn ich dann lieb dich küsse
und schmecke deine Lippen,
spüre ich deine Liebe
und empfinde höchstes Glück.

Liegst du dann in meinen Armen,
fühle ich deine Wärme,
genieße die Berührung
von deiner Haut auf meiner.

So freue ich mich immer,
weil du mich stets verzauberst,
allein nur durch dein Dasein,
das bereichert mir mein Leben.

***

Blühende Liebe

Die Rose als Symbol der Liebe
hält noch ihren Winterschlaf,
doch gilt das nicht für unsre Liebe,
die blüht herrlich immerzu.

***

Die kleine Bank

Der Frühling ist gekommen,
mit ihm der Lenz hält Einzug,
die Natur erwacht zum Leben
und weckt die Macht der Liebe.

Die kleine Bank am Gartenteich
lädt zum Verweilen uns ein,
drum lass uns nehmen Platz auf ihr
um zu genießen diesen Tag.

***

Bei jedem Kuss von dir

Bei jedem Kuss von dir
beginnt mein Herz zu rasen,
es jubiliert vor Freude,
genießt das pure Glück.

Bei jedem Kuss von dir
spüre ich deine Liebe,
die süß wie Nektar schmeckt,
der Götter Lieblingstrank.

Bei jedem Kuss von dir
fühle ich deine Wärme,
die Zuneigung und Liebe,
was mich durch mein Leben trägt.

Bei jedem Kuss von dir
wachsen meiner Seele Flügel,
und sie schwebt hoch empor
in die lichten Höhen des Universums.

Bei jedem Kuss von dir
höre ich einen Engelschor,
der lobpreiset deine Liebe
in den allerschönsten Tönen.

Bei jedem Kuss von dir
wird mir stets gewahr,
was du für mich bedeutest,
wie sehr ich dich begehre.

***

Gedanken in der Nacht

Wieder verdunkelt Nyx die Welt,

ich bette mein Haupt zum Schlafe,

doch leider bist du nicht bei mir,

das zweite Bett ist leer und kalt.

Schon kommt der Sohn der Nyx zu mir,

will mir bescheren guten Schlaf,

doch die Sehnsucht nach dir ist groß,

drum flieht mich jeder Schlummer.

Doch Hypnos findet einen Weg,

meine Seele zu beruhigen,

er flüstert viele Schmeicheleien

die meine Seele gerne hört,

Er zeigt die schönen Stunden an,

die gemeinsam wir haben verbracht,

offenbart mir dazu lächelnd

meine Momente höchsten Glücks.

Schon entspannt sich meine Seele,

mein Herz schlägt nicht mehr wild und

schnell,

und obwohl ich dich vermisse,

beschert Gott Hypnos mir nun Schlaf.

***

Meine Gefühle für dich

Wenn ich fest im Arm dich halte,
empfange ich das höchste Glück,
das je ein Mensch verspüren kann
während seines ganzen Daseins.

Wenn ich deinen Körper spüre,
wie er sanft sich an mich schmiegt,
fängt meine Seele an zu leuchten
wie der hellste Stern am Himmel.

Wenn ich schau in deine Augen,
kann ich in dein Herz tief blicken,
sehe das Feuer der Liebe,
das darin heiß und lodernd brennt.

Vereinen sich unsre Lippen
zu einem lieblichen Kusse,
verspüre ich viel Zärtlichkeit,
die du stets gewährst mir gerne.

Legst du die Arme dann um mich,
werden wir zu einer Einheit,
verschmelzen zu einer Person,
die nichts Irdisches kann trennen.

Ich genieße sehr das Leben,
wenn du in meinen Armen liegst,
wünschte, die Zeit bliebe stehen,
der Moment niemals verginge.

***

Meine Liebe zu dir

Oh Schatz, meine Liebe zu dir
ist so hoch wie der höchste Berg,
nur dass auf des Berges Gipfel
der Sonnenschein der Liebe strahlt.

Oh Schatz, meine Liebe zu dir
ist so tief wie das tiefste Meer,
nur dass auf dem Grund des Herzens
das Denkmal meiner Liebe strahlt.

Oh Schatz, meine Liebe zu dir
ist so heiß wie der Wüstensand,
wenn ihn die Sonne hat erhitzt,
nur dass bei mir brennt die Liebe.

Oh Schatz, meine Liebe zu dir
ist so rein wie ein Bergkristall,
in dem sich das Sonnenlicht bricht,
und ihn zum hellen Leuchten bringt.

Oh Schatz, meine Liebe zu dir
ist nicht in Worte zu fassen,
sie durchrast das Universum
und kehrt sogleich zu dir zurück.

Oh Schatz, meine Liebe zu dir
ist mein größter Reichtum,
den ich nicht verlieren möchte,
drum begleite mich durchs Leben

***

Berührungen

Sobald wir zwei beisammen sind,
versinke ich in deinem Blick,
mein Herz beginnt zu lodern,
entzündet von unsrer Liebe.

Immer in deiner Gegenwart
will ich dich so gern berühren,
meine Hände nähern sich dir,
sie werden vom Herzen gelenkt,

Ich möcht liebkosen dein Gesicht,
seine Lieblichkeit erfühlen,
sanft zu streicheln deine Wangen,
zu genießen die Konturen.

Meine Hände möchten fühlen
dein langes, seidenweiches Haar,
das im Licht der Sonne leuchtet
wie das Haupthaar eines Engels.

Meine Hände möchten fahren
entlang deines ganzen Körpers,
um zu fühlen deine Wärme,
gespeist aus des Herzens Liebe.

Oh Schatz, es ist so wunderbar,
dass du gestattest mir all das,
denn fühlen dich meine Hände
empfange ich das höchste Glück.

***

Wenn…

Wenn meine Arme umschließen
deinen wunderbaren Körper,
brennen lichterloh die Flammen
unsrer beiden liebend' Herzen.

Wenn sich die Lippen berühren
und zum heißen Kuss verschmelzen,
dann ich meine zu vernehmen
nah bei uns einen Engelschor.

Wenn wir unsre Liebe leben,
scheint immer die Sonne für uns,
dazu der ganze Himmel hängt
voller wohlklingender Geigen.

Wenn wir in Liebe sind vereint,
leuchten unsre Seelen heller
als je die Sonne es vermag
in des Regenbogens Farben.

***

Glücksgefühl

Getrennt von dir den ganzen Tag
verzehre ich mich vor Verlangen,
stets nach deiner Huld mich sehnend
und denkend immerzu an dich.

Doch wenn vorüber ist die Pflicht,
ich eile rasch in deine Arme,
um von deinen lieblich' Lippen
zu empfangen zarte Küsse.

Oh, wie habe ich vermisst
die Süße dieser Zärtlichkeit,
drum sauge ich sie gierig ein,
labe mich an deiner Liebe.

Wenn wir dann den Rest des Tages
verbringen in trauter Zweisamkeit,
beseelt dies Glück mein liebend' Herz,
lässt es leuchten hell von innen.

***

Gleichklang

Ein betörender Duft
lenkte den Blick zu ihr,
die in all dem Trubel
sich stoisch abseits hielt.

Ihre starke Aura
zog mich in ihren Bann,
meine Schritte führten
mich zu der Holden hin.

Als näher ich dann kam,
sie wandte sich mir zu,
mich traf ein sanfter Blick,
mir viel Mut zusprechend.

Lange wir dann sprachen,
spürten Magie ringsum,
wurden rasch umschlossen
von der Liebe Zauber.

Schon bald es war uns klar,
es gibt ein Wiedersehen
in den nächsten Tagen
und vielleicht auch Nächten.

So entspross gar Schönes
für uns ganz unverhofft,
erwuchs uns großes Glück
aus des Schicksals Laune.

***

Fernbeziehung

Getrennt durch des Landes Weite
sitze ich hier und du bist dort,
wie gern ich würde dich spüren
mit deiner ganzen Lieblichkeit.

Du erahnst, wie ich grad leide,
wie sehr die Sehnsucht mich grad quält,
drum schickst du mir als kleinen Gruß
von dir ein schönes Foto zu.

Mit Andacht ich betrachte es,
Gefühle wallen heftig hoch,
denn dass du hast an mich gedacht,
zeugt von festen Liebesbanden.

Viel bedeutet mir das Foto,
ist mehr als eine Geste nur,
bezeugt Liebe und Vertrauen
trotz des uns trennenden Weges.

***

Ein kleines Paradies

Ein liebendes Paar
in einem Auto sitzend,
sich innig küssend;
rasch beschlagen die Scheiben,
verbergen das Paar
vor neugierigen Blicken,
beschützen ein Paradies.

***

Schreibblockade

Zwei einsame Poeten
ringen um schöne Worte,
doch die Gedanken streiken,
kein Wort sie können schreiben.

Langsam kommt Verzweiflung auf,
fast schon sie resignieren,
doch durch des Schicksals Fügung
sie treffen aufeinander.

Sofort es sprühen Funken,
in Liebe sie entflammen,
bevor der Tag vergangen,
sind wir ein Paar geworden.

Nun die Ideen nur sprudeln,
da sich erleuchten beide,
die Liebe wird zum Inhalt
von ihrer neuen Lyrik.

***

Dank an die Muse

Du bist meine große Wonne,
mein heiß geliebter Augenstern,
denn nur du konntest vollbringen
mir zu zeigen wahre Liebe.

Doch bist du nicht Geliebte nur,
du bist auch Quelle der Ideen,
aus der ich Erleuchtung schöpfe,
zu der du stets mich inspirierst.

Du bist eine wahre Muse,
die ich so brauche wie die Luft,
denn Gedanken in der Lyrik
sind wie für Menschen Sauerstoff.

Darum ich preise dich gar sehr,
Geliebte, Muse, Augenstern,
habe dir ehrenvoll erbaut
in meinem Herzen einen Dom.

***

Abschied am Abend

Schon ist es soweit,
die Zeit ist fortgeschritten,
Stunde des Abschieds,
auch wenn es uns gar schwer fällt,
doch auf der Rückfahrt
stellt sich rasch die Sehnsucht ein
- ich weiß, dir geht es ebenso.

****

Sehnsucht 1

Während der Sitzung
schweifen die Gedanken ab,
sind wieder bei dir,
gedenken schöner Stunden
vom gestrigen Tag,
doch das steigert die Sehnsucht
nach dem nächsten Wiedersehn.

***

Sehnsucht 2

Du bist fern von mir!

In der nächtlichen Stille

beherrscht mich Sehnsucht,

ich denke ständig an dich,

liege dadurch wach,

warte auf den nächsten Tag,

um dich wieder zu küssen.

***

Abschied und Rückkehr

Es schlägt die Stunde des Abschieds,
für heute wir müssen scheiden,
doch fällt uns die Trennung sehr schwer,
wie gerne würden wir bleiben.

Während mich trägt fort das Auto,
verblasst am Himmel die Sonne,
es umwölkt sich meine Seele,
bis alles liegt in Finsternis.

Doch bald schon bricht der Morgen an,
das nächste Treffen ist geplant,
das Licht der Freude kehrt zurück
wie die Sonne ans Himmelszelt.

Wenn es dann endlich ist soweit,
ich dich in die Arme schließe,
leuchtet hell erneut die Seele
wie am Firmament die Sonne.

***

In meinen Armen

Wenn du in meinen Armen liegst,
genieße ich deine Nähe,
spüre so gerne deine Haut,
sie ist so warm und weich wie Samt.

Während wir erschöpft dann ruhen,
lausche ich deinem Atemzug,
derweil mein Herz klopft freudig laut,
weil die Liebe uns verbindet.

Ich streiche durch dein blondes Haar,
das sich anfühlt wie aus Seide,
lieblich deine Strähnen fallen,
bedecken rasch schon dein Gesicht.

Wenn du dann anhebst deinen Kopf,
mir gönnst das Lächeln einer Fee,
laut meine Seele jubiliert,
und ich vernehme Engelssang.

Wenn du in meinen Armen liegst,
verschwimmen für mich Zeit und Raum,
fortgefegt ist das Banale,
nur unsre reine Liebe zählt.

Möge die Zeit ewig währen,
die uns unser Glück vergönnt ist,
denn mit dir in meinen Armen
ist das Leben gar wunderschön.

***

Auf dem Parkplatz

Die Nacht ist angebrochen,
Dunkelheit breitet sich aus,
ringsum in den Wohnungen
wird eingeschaltet das Licht.

Du liegst in meinen Armen,
im Schatten auf dem Parkplatz,
wir wollen noch nicht scheiden,
sondern nur zusammen sein.

So wie der Mond die Erde
umkreist nur dich mein Denken,
dabei ich hab Gewissheit,
dass du wie ich empfindest.

Stumm hauchst du auf die Wange
mir viele süße Küsse,
die gerne ich erwidere,
dich dabei wild begehrend.

Ich möchte länger bleiben,

doch hinfort ruft mich die Pflicht,

dabei ich zähl die Stunden,

bis zu unsrem Wiedersehn.

Dann wir werden uns treffen

in deiner schönen Wohnung,

wo wir uns werden lieben

voller Lust und Leidenschaft.

***

Endlich das Wiedersehen

Die Sonne lacht am Himmel,
vergnügt die Vögel singen,
vor mir ist leer die Straße,
das Leben ist wunderschön!

Noch eine kleine Weile,
dann bin ich bei dir, mein Schatz,
schließe dich in die Arme,
werde küssen deinen Mund.

Wie sehr ich mich schon freue,
vermag ich nicht zu sagen,
da mir die Worte fehlen,
denn die Freude ist so groß.

Als ich den Wagen parke,
seh ich dich auf dem Balkon,
beschwingt von diesem Anblick
zu deiner Tür ich eile.

Sie steht für mich schon offen,
rasch kommst du mir entgegen,
fällst mir lachend um den Hals,
zu lange war die Trennung.

Nun ich bin wieder bei dir,
wir feiern Wiedersehen,
schnell um uns die Welt verblasst,
es gibt nur noch dich und mich!

***

Leidenschaft

Ein großer Parkplatz,
ganz hinten steht ein Auto,
darin Mann und Frau,
sich leidenschaftlich kosend,
die Welt vergessend;
die beschlagenen Scheiben
zeugen von viel Leidenschaft.

***

Spiegelbild

Der neue Morgen ist da,
ich stehe vor dem Spiegel,
der vom heißen Wasserdampf
ist gar tüchtig beschlagen.

Ich schaue in den Spiegel,
sehe darin mein Gesicht,
doch schon erscheint ein zweites,
ganz dicht neben dem meinen.

Es gehört meiner Liebsten,
die zu mir getreten ist,
hell ihre Augen leuchten,
darin sich Liebe spiegelt.

Ich spüre ihre Nähe,
schon ich fühle einen Kuss
ganz sanft auf meiner Wange
als Zeichen ihrer Liebe

***

Nektar von deinen Lippen

Ich liebe deine Küsse,
denn sie schmecken nach Liebe,
dazu nach viel Zuneigung,
sind Balsam für die Seele.

Deine Lippen sind magisch,
sie ziehen mich stetig an,
ich bin süchtig nach ihnen,
bin dir darum verfallen.

Spüre ich deine Lippen,
schmecke ich deine Küsse,
versinkt die Welt im Nebel
tiefer, sinnlicher Liebe.

Ich brauche deine Küsse,
sie sind für mich wie Nahrung,
nur schmecken sie viel besser
als die Speisen der Götter.

Was ist schon Ambrosia,
was das himmlische Manna,
wenn ich schmecke deine Küsse
von deinen lieblich' Lippen?

Das ist für mich der Nektar,
der meine Seele erhält,
so möchte ich mich laben
jeden Tag erneut daran.

***

Nächtliches Telefonat

Du hast mich angerufen
in früher Abendstunde,
nun bricht schon die Nacht herein,
doch das Gespräch geht weiter.

Ich lausche deiner Stimme,
vernehme zwar die Worte,
doch bezaubert mich der Klang
so ich andächtig lausche.

Deine liebliche Stimme
sprüht vor großer Sinnlichkeit,
ich kann ihr ewig lauschen,
mit immergroßer Freude.

Dabei fühle ich dann das,
was Odysseus hat erlebt,
als es gelang ihm damals
Sirenensang zu lauschen.

***

Sonnenschein

Während draußen Vögel singen,
liegen wir erschöpft im Bett,
fest im Arm einander haltend,
dabei ganz glücklich lächelnd.

Wir hören nicht den Vogelsang,
wir sehen nicht den Himmel,
wir sind von Zeit und Raum entrückt,
ganz in unsrer eignen Welt.

Doch die Sonne macht sich Sorgen,
sendet einen Lichtstrahl aus,
doch als er sieht das Liebespaar,
zieht diskret er sich zurück.

Leise nun die Vögel singen,
die Sonne spendet Schatten,
nichts soll stören diesen Moment
von höchster Glückseligkeit.

***

Das höchste Glück auf Erden

Das höchste Glück auf Erden
ist dich im Arm zu halten,
dabei deutlich zu hören
das Pochen deines Herzens.

Ich liebe die Momente,
in denen wir nah uns sind,
ich preise dann das Schicksal,
das es meint so gut mit uns.

Liege ich dann neben dir
und spüre deine Nähe,
wird es mir gleich warm ums Herz,
lodert die Glut der Liebe.

Ich möchte dich gern spüren
den Rest von meinem Leben,
dem Cupido zu Ehren,
als Krönung seines Werkes.

***

Fehlende Worte

Du bist nicht bei mir,
mein Herz verzehrt sich nach dir!
Ich vermisse dich
und möchte dir das schreiben
als Liebesbeweis,
doch nichts beschreibt die Leere,
es fehlen mir die Worte.

***

Einstimmung

Hintergrundmusik
bei gedämpftem Licht,
sanftes Geplauder,
manchmal ein Lachen.

Die Worte sprudeln,
bilden Geschichten
voller Sinnlichkeit,
denen ich lausche.

Das Gespräch verstummt,
Magie erfasst uns,
ich will dich küssen,
wild und ungestüm.

Ein Kuss sagt mehr
als tausend Worte,
und auf das Küssen
rasch Taten folgen.

***

Sehnsucht 3

Die Sehnsucht ist groß,
wir vermissen einander,
ein Telefonat
soll das Begehren stillen,
das Herz erfreuen,
drum greifen wir zum Hörer,
spätabends und recht lange.

***

Seelenlage

Im sanften Schein des Kerzenlichts
genießen wir die Zweisamkeit,
unsre Seelen sind sich so nah,
dass sie zu verschmelzen scheinen.

Unbemerkt verrinnen Stunden,
Zeit und Raum sind uns nicht wichtig,
unsre Blicke sind gerichtet
unablässig aufeinander.

Eingehüllt sind unsre Körper
in die Magie des Augenblicks,
während die Herzen sind beseelt
von des Amors Liebespfeilen.

Heiß in den Adern pocht das Blut,
die Liebe berauscht die Sinne,
und zum Gesang des Engelschors
verschmelzen Lippen zum Kusse.

***

Sehnsucht 4

Oh, wie die Sinne lechzen
und sich nach dir verzehren,
doch grausam ist das Schicksal,
hält dich fest gar fern von mir.

Komm, lass uns treffen ganz schnell,
das bringt mein Herz zum Schwingen,
es bedarf deiner Liebe,
um weiterhin zu schlagen.

Mach meiner Seele Freude
mit deinen zarten Küssen,
von deinen sinnlich' Lippen
wie göttlich' Nektar schmeckend.

Doch bist so fern du leider,
ich verzehre mich nach dir,
dabei die Stunden zählend
bis zu unsrem Wiedersehn.

***

Entspannung vom Alltag

Lieblich klingt deine Stimme
aus des Telefons Hörer,
voller Andacht lausche ich
deinen sinnlichen Worten.

Ganz beiläufig erwähnst du,
dass du dich entspannen willst
mittels eines Wannenbads
und Duftstoff für die Seele.

Vor meinem geistig' Auge
entstehen schöne Bilder,
wie du dich lieblich widmest
dem Entrücken vom Alltag.

Wie gern ich wäre bei dir,
um etwas beizutragen,
damit die Last des Lebens
für kurze Zeit dich meidet.

Jedoch ich weit entfernt bin,

kann leider dir nicht helfen,

drum genieße alleine

dein schönes Entspannungsbad.

Wenn wir uns wieder sehen,

wird vielleicht es wiederholt,

dann werde ich mit Freude

fördern deine Entspannung.

***

Beim Klange deiner Stimme

Du, mein lieblich' Augenstern,
bist leider wieder so fern,
dabei ich wünsche sehnlichst,
dass du liebe Worte sprichst.

Als das Telefon läutet,
ist klar, was das bedeutet,
als deine Stimme erklingt,
mein Herz vor Freude springt.

Ich lausche deinen Worten
gebannt an diesem Orte,
derweil erbaut die Seele
dir eine Liebesstele.

Wahrlich, es ist wie verhext,
wie doch meine Sehnsucht wächst,
wenn deine Worte fließen,
ganz fest mein Herz umschließen.

Daher sprich bitte weiter,
dann mein Gemüt wird heiter,
was mein liebend' Herz erfreut
und die Sehnsucht rasch zerstreut.

Höre ich deine Stimme,
flieht mich jegliches Gegrimme,
ich fühle mich dann dir so nah,
als wenn du wärest neben mir.

***

Am Morgen

Der Morgen bricht an
und langsam ich erwache,
neben mir liegst du,
ich spüre deine Nähe,
fühle deinen Leib
- es war also doch kein Traum!
Zärtlich küsse ich dich wach.

***

Geduld

Ein gemütliches Lokal,
zärtlich lächeln wir uns an,
Stimmengemurmel ringsum,
für uns ohne Bedeutung.

Sanft ich streichle deine Hand,
schau tief dir in die Augen,
tauche in deinem Augenlicht
bis zum Grund deiner Seele.

Während des ganzen Essens
wächst in mir das Verlangen,
dich liebevoll zu küssen,
deinen Leib zu berühren.

Doch muss ich mich gedulden,
auch wenn fällt es mir recht schwer,
doch umso schöner wird es,
wenn ich dich nachher küsse.

***

Mein Sonnenschein

Ich öffne meine Augen
und schaue in dein Antlitz,
sehe deine Müdigkeit
sowie dein süßes Lächeln.

Sanft ich küsse deinen Mund,
köstlich schmecken die Lippen,
dann mit großer Zärtlichkeit
wünsche ich ‚Guten Morgen!'

Als ich das Haus verlasse,
begleitet mich dein Lächeln,
trägt mich durch den Arbeitstag,
lässt Mühsal leicht erscheinen.

Ich kann es kaum erwarten,
zu dir zurückzukehren,
dich in den Arm zu nehmen,
zu schmecken neue Küsse.

***

Nächtliches Erwachen

Mitten in der Nacht
weicht plötzlich von mir der Schlaf,
hell leuchtet der Mond,
erhellt zärtlich dein Gesicht,
das glücklich lächelt.
Mein Herz schlägt vor Dankbarkeit,
dass du meine Liebe teilst.

***

In der Nacht

Schon fällt die Welt in Dunkelheit,
die letzten Vögel verstummen,
Ruhe legt sich über das Land
und es erwacht das Nachtgetier.

Doch fließt an uns all das vorbei,
da wir nur haben uns im Blick,
vor der Anmut deines Wesens
verblasst die Schönheit der Natur.

Wenn ich dann innig küsse dich,
durchströmt die heiße Liebe mich,
gleich mein Herz ruft deinen Namen,
nach viel mehr verlangt die Seele.

Das Schicksal hat es gut gemeint,
uns miteinander verbunden,
so lass vollenden uns das Werk,
das begonnen hat Gott Amor.

Genießen wollen wir die Nacht
in inniger Verbundenheit,
zelebrieren unsre Liebe,
von Engelgesang begleitet.

Und wenn sich draußen dann erhebt
am Firmament ein neuer Tag,
sind wir müde, doch auch glücklich,
dabei uns näher als zuvor.

***

Mein Empfinden

Wenn ich bei dir bin,

jubelt mein Herz vor Freude,

durch deine Anmut

wird mir mein Gemüt ganz leicht,

weil die Welt erstrahlt

in allerschönsten Farben,

drum jubiliert die Seele.

***

Endlich Feierabend!

Ich eile zu dir,
fliege in deine Arme,
küsse deinen Mund,
streiche dir über den Kopf,
wieder und wieder.
Gar groß war meine Sehnsucht
während des Arbeitstages.

***

Sehnsucht und Risiko

Wie gerne möchte ich dich sehen,
doch leider bist du so weit weg,
nun fiel Eisregen vom Himmel,
gefährlich glatt sind drum die Straßen.

Wie gerne würde ich es wagen,
den Unbilden zum Trotz zu fahren,
doch zaudre ich in großer Sorge,
zu erleiden einen Unfall.

Doch die Sehnsucht ist zu groß,
drum setze ich mich hinters Steuer,
vorsichtig und immer wachsam
rolle ich über vereiste Straßen.

Das Risiko hat sich gelohnt,
die Fahrt ist unfallfrei geblieben,
und zur Belohnung küsst du mich,
erleichtert und ganz liebevoll.

***

Die Rose ist wie du

Eine Rose ist
rot wie deine Lippen
lieblich wie dein Wesen
wohlgeformt wie du
herrlich duftend wie dein Haar
wehrhaft wie deine Schlagfertigkeit
dornig wie du im Zorn.

Menschen begehren Rosen,
weil sie erfreuen das Auge,
ich werbe um dich,
weil mein Herz sich nach dir sehnt.

***

Valentinstag

Mit der Hilfe Cupidos
wir haben uns gefunden,
unsre Herzen sind entflammt
in feurig-wahrer Liebe.

Wir genießen sehr die Zeit
unsrer trauten Zweisamkeit,
doch ist nun ein großer Tag,
den würdig wir begehen.

Der erste Valentinstag,
den wir als Paar verleben,
was erhöht die Symbolkraft
in unsrer beider Augen.

Wir wollen ihn genießen,
ganz magisch ihn gestalten,
auf das er ganz besonders
bleibt im Gedächtnis haften.

Als Symbol unsrer Liebe

gilt fortan ein kleines Schloss,

das ziert nun das Geländer

von einer kleinen Brücke.

Ich wünsche jedem Wandrer,

der das kleine Schloss erblickt,

das Glück der großen Liebe,

wie wir es finden konnten.

***

Trennung auf Zeit

Leider trennt uns die Pflicht auf Zeit,
was leider unvermeidbar ist,
doch seit der ersten Sekunde
vor Sehnsucht ich mich verzehre.

Gerne würd' ich dich umarmen,
dich fest in meinen Armen halten,
von deinen sinnlichen Lippen
naschen die Süße deiner Küsse.

Doch bleibt all das noch mein Begehr,
denn bist du auch meinem Herzen nah,
so ist dein Leib gar fern von mir,
nur unsre Seelen sind vereint.

Ich schreite durch den ganzen Tag,
nehme ringsum kaum etwas wahr,
denn alle meine Gedanken
kreisen unablässig um dich.

Dann endlich geht der Tag zur Neige,
doch gibt die Sehnsucht keine Ruh,
denn vor meinem geistig' Auge
schwebt deine liebliche Gestalt.

Nun ist es Nacht, der Mond scheint hell,
so bitte ich dich, lieber Freund,
schicke mit deinem Licht einen Gruß
an den von mir geliebten Schatz.

***

Dein sicherer Hafen

Oft gebeutelt von schwerem Sturm
befuhren wir des Lebens Meere,
bis endlich dann entschied die Fügung,
dass wir uns sollten treffen.

Unser Mittler war der Zufall,
doch gut er hat sein Werk erfüllt,
nun sind wir hier als Paar vereint,
planen eifrig unsre Zukunft.

Und sollte doch mal eines Tages
auf dem Meere deines Lebens
wieder wüten ein starker Sturm,
so zögre nicht, eile zu mir!

Meine Arme sind dein Hafen,
wo stets du Ruhe finden kannst,
die schlechte Menschen dir geraubt
und ersetzt durch Unbill haben.

Ist abgezogen dann der Sturm,
erscheint die lachende Sonne,
lässt hell erstrahlen dein Gemüt
und es tanzen unsre Seelen.

So wird aus dem Schutzraum Hafen
ein Garten von bleibendem Glück,
in dem wir werden verbringen
ein Dasein voller Glück und Wonne.

***

Wunsch an die Zukunft

Gemeinsam durch das Leben
wir schreiten Seit' an Seite,
sind stets füreinander da,
wenn Kummer uns verzehret.

Für uns und unser Leben
scheint die Sonne immerzu,
unsre Seelen erfreuend
mit glücklicher Harmonie.

Wie herrlich ist das Leben
mit dir an meiner Seite,
stets deine Liebe spürend
als Quell von Lebensfreude.

Mögen die schönen Stunden
unser Leben erfreuen
als ständiger Begleiter
von unsrer großen Liebe!

***

Sehnsucht 5

In dunkler Nacht leuchtet der Mond,
unser stets treuer Begleiter,
er wirft sein Licht auf dich und mich
wie einen romantisch' Mantel.

In meinem Herzen fühl ich dich,
sehe dich in meinen Träumen,
dabei du bist so fern von mir,
es fiel die Trennung uns nicht leicht.

Doch lebst du auch gar weit entfernt,
beherrscht du meine Gedanken,
und immer, wenn ich an dich denke,
beginnt laut mein Herz zu pochen.

So bitte ich dich, lieber Mond,
sende meiner einst' Geliebten
meines Herzens beste Grüße
und bewahre sie vor Unbill.

***

Danke!

Mein Leben war recht öd und leer,
stets es fehlte an der Würze,
doch meinte es das Schicksal gut,
ließ sich kreuzen unsre Wege.

Wir verlebten schöne Stunden,
zwei Seelen hatten sich vereint,
seitdem die Zeit ist wunderschön,
sie sollte währen immerzu.

An deiner Seite ist mein Platz,
meiner Seele neue Heimat,
nur bei dir ich Ruhe finde,
wenn der Sturm des Lebens wütet.

Senkt sich dann dereinst die Sonne
und der ewige Schlaf beginnt,
wird das Leuchten meiner Seele
überstrahlen den hellsten Stern.

***

Vom gleichen Autor sind erschienen:

Heinrich Spiller – Schuhmacher und Heimatdichter aus dem Kreis Grottkau/Oberschlesien
ISBN 978-3-7322-6996-9 (vergriffen)

Elysische Impressionen
Ausgewählte Haiku
ISBN 978-3-7392-6893-4

Sinnliche Holdseligkeit
Liebeslyrik in Form von Haiku
ISBN 978-3-7412-7164-9

Ich grüße den Uhu
Fechsungen für die Sippungen der Schlaraffia
ISBN 978-3-7412-9363-4

Es schnurrt die Samtpfote
Haiku über Katzen und Kater
ISBN 978-3-7519-0730-9

Impressionen des Seins
Lyrische Daseinsbetrachtungen
ISBN 978-3-7519-8009-8

Kirschblüten im Eichenwald
Haiku im Zeichen der vier Jahreszeiten
ISBN 978-3-7519-7789-0

Der Minnesang des Frosches
Haiku über Frösche, Mit einem Geleitwort
von Ingo Cesaro
ISBN 978-3-7543-2254-3

Dem Uhu gilt mein erster Gruß
Neue Fechsungen für die Schlaraffia
ISBN 978-3-7557-0112-5

Eine Reise durch das Jahr
Haiku im Laufe eines Jahres
ISBN 978-3-7568-9838-1

Mitherausgeber

der <u>Heinrich-Spiller-Werkausgabe</u>

(zusammen mit Gerhard H. Spiller und

Elfriede Spiller)

Band 1:

Schläsische Gedichte und Geschichten.

ISBN 978-3-7357-6755-4

Band 2:

Hochdeutsche Gedichte und Geschichten.

ISBN 978-3-7386-8613-5

Band 3:

Mein Heimatdorf und seine Umgebung.

ISBN 978-3-7392-7428-7

Band 4:

Autobiographische Texte.

ISBN 978-3-7392-6079-2